PAIDEIA
ÉDUCATION

MIXTE
Papier issu de sources responsables
Paper from responsible sources
FSC® C105338

FRANZ KAFKA

Lettre au père

Analyse littéraire

© Paideia éducation.

22 rue Gabrielle Josserand - 93500 Pantin.

ISBN 978-2-75930-467-7

Dépôt légal : Septembre 2023

Impression Books on Demand GmbH

In de Tarpen 42

22848 Norderstedt, Allemagne

SOMMAIRE

• Biographie de Franz Kafka.......................... 9

• Présentation de la *Lettre au père*............................ 15

• Résumé de la lettre..................................... 19

• Les raisons du succès................................. 23

• Les thèmes principaux................................ 27

• Étude du mouvement littéraire................... 31

• Dans la même collection............................. 35

BIOGRAPHIE DE FRANZ KAFKA

Franz Kafka naît en juillet 1883 à Prague et est l'aîné d'une famille de six enfants, dont deux sont morts en bas âge. Son père, Hermann Kafka, est un commerçant qui s'est fait tout seul. Cette lutte pour une réussite sociale lui vaudra un caractère fort et insensible. Etabli à Prague en 1881, il y a épousé Julie Lôwy, issue d'une famille bourgeoise et germanophone, qui sera une femme absolument soumise à son mari.

Le jeune Franz vit entouré de ses trois sœurs : Elli, dont il se sent proche, Valli, soumise comme leur mère à la volonté paternelle, et Ottla, avec qui il aura une relation absolument privilégiée.

Grâce à l'embourgeoisement de la famille, dû à la réussite sociale du père, Franz est inscrit à l'Ecole allemande de garçons, puis au lycée d'Etat de la Vieille-Ville. Il y reçoit des cours d'allemand, ainsi qu'une éducation humaniste, et développe un goût prononcé pour les théories de Darwin, de Nietzsche et du socialisme, qui le pousseront, entre autres, à rejeter le judaïsme.

En 1901, il intègre l'Université allemande de Prague, où il débute des études de chimie, qu'il abandonne au bout de deux semaines. Il s'inscrit alors en droit, et suit parallèlement des cours de littérature et d'histoire de l'art. Il obtient son diplôme de droit en 1906.

Les années universitaires de Kafka ont été pour lui l'occasion de rencontrer ceux qui deviendront ses amis les plus fidèles : Oskar Pollak, qui deviendra historien de l'art, mais aussi Oskar Baum, Felix Weltsch et Max Brod, tous écrivains ou journalistes, et avec qui Kafka créera en 1904 le « Cercle de Prague ». Alors que tous sont engagés dans une carrière littéraire, Franz se consacre à l'écriture en cachette et renie beaucoup de ses textes de jeunesse, qu'il a détruits. De cette période, il nous est cependant parvenu *Description d'un combat*, rédigé entre 1904 et 1906, et fortement marqué par l'influence de Hofmannstahl et de Rilke.

En 1907, Kafka est engagé comme juriste dans une compagnie d'assurances italienne, puis rejoint, l'année suivante, l'Institution d'assurances pour les accidents des travailleurs du royaume de Bohême, où il effectuera toute sa carrière. Son investissement au travail provoque cependant en lui une véritable fatigue qui paralyse son désir créateur. L'auteur en témoigne à de nombreuses reprises dans son *Journal*, débuté en 1908, où il exprime son incapacité à produire en même temps que son impossibilité à renoncer à l'écriture.

Son sentiment de culpabilité, ainsi que son désir de fuite et de trouver une issue face à cette stérilité créatrice seront les sujets de ses plus grands succès littéraires : *La Métamorphose* en 1912, *Le Procès* en 1914, et enfin *Lettre au père*, en 1919.

En 1912, Kafka rencontre Felice Bauer. Débute une riche correspondance entre ces deux jeunes gens, qui ne tardent pas à tomber amoureux l'un de l'autre. Ils se fiancent deux fois, en 1914 et en 1917, mais Franz rompt leurs fiançailles à chaque fois : paralysé par la peur et face à l'oppression paternelle, Kafka se sent dans l'incapacité de fonder une famille, qui serait une barrière inévitable à sa vocation littéraire.

En 1917, on diagnostique une maladie respiratoire chez l'écrivain : il s'agit de la tuberculose. Il obtient un congé et s'installe chez sa plus jeune sœur, Ottla, qui vit dans une ferme en Bohême occidentale, jusqu'en avril 1918.

L'année suivante, Kafka souffre de la grippe espagnole. Il manque de mourir et part en convalescence à Schelesen, où il rencontre Julie Wohryzek, fille d'un petit cordonnier juif. Ils vivent une relation amoureuse et Kafka la demande en mariage. Mais le père de Kafka s'oppose à cette union qu'il considère déshonorante. La violence de cet échec et de l'opposition paternelle conduira Kafka à rédiger *Lettre au père* cette même année.

En 1920, Franz rencontre Milena Jesenka, une journaliste tchèque et non juive, qui commence à traduire les œuvres de Kafka en tchèque. Se développe entre eux une correspondance très soutenue et de plus en plus intime. Les deux vivront un amour véritable mais Kafka se trouvera de nouveau dans l'incapacité de vivre pleinement cette relation, jusqu'à ce que des problèmes de santé lui donnent une bonne raison de fuir cette femme.

En 1922, Kafka rédige *Un artiste de la faim*, ainsi que *Le Château*, qui restera inachevé. Malade, il passe l'hiver 1922-1923 alité. Souhaitant partir pour la Palestine, où il espère retrouver la santé et un sens à sa vie, il apprend l'hébreu. Durant l'été 1923, il rencontre Dora Dymant, jeune femme juive de vingt-cinq ans, avec laquelle il entretient une relation amoureuse. Ils s'installent à Berlin, mais sa santé et la crise économique obligent l'écrivain à retourner à Prague.

En avril 1924, Franz intègre le sanatorium de Kierling, situé près de Vienne. Dora restera à ses côtés jusqu'à sa mort en juin de la même année. Quinze ans plus tard, la Tchécoslovaquie est envahie par Hitler. Les trois sœurs de Kafka seront déportées et trouveront la mort dans les camps.

PRÉSENTATION DE LA LETTRE AU PÈRE

Lorsque Kafka rédige *Lettre au père* en 1919, l'écrivain se trouve en plein désarroi et éprouve une vive colère à l'encontre de son père qui s'est violemment opposé à son mariage avec Julie Wohryzek.

Refoulant, en outre, et depuis l'enfance, de nombreux reproches à l'égard de l'autorité paternelle tyrannique qu'il a subie, l'écrivain entreprend la rédaction de cette lettre, pour lui-même, puisqu'il n'avait aucunement l'intention de la faire parvenir à son père.

Publiée posthume par son ami Max Brod, cette lettre au caractère très privé acquiert cependant très rapidement un statut d'œuvre littéraire à part entière et constitue un véritable procès teinté de complexe d'Oedipe à l'encontre de la figure paternelle, révélant par-là même un réel désir de fuite chez l'auteur.

RÉSUMÉ DE
LA LETTRE

Kafka débute sa lettre en faisant état des reproches d'ingratitude que son père manifeste, lui qui a soi-disant toujours fait en sorte d'assurer un bel avenir à ses enfants. L'auteur continue en évoquant certains souvenirs d'enfance qui l'ont profondément marqué à cause des réactions arbitraires et autoritaires de son père.

L'écrivain reproche à son père son manque d'intérêt pour lui, ainsi que son manque d'encouragement et de soutien dans ses projets, qui ont souvent provoqué chez lui un sentiment de nullité face à la toute puissance paternelle. En outre, son père, qui s'est construit tout seul, avait une confiance démesurée en lui-même, ce qui a souvent valu à Kafka de subir des remarques rabaissantes.

L'auteur rappelle à son père de nombreux exemples où ce dernier s'élevait en véritable tyran, rendant la discussion et le fait de le contredire absolument impossibles et alimentant, par-là même, une peur de lui toujours plus grande.

Kafka explique également comment sa mère, totalement soumise à son époux, a tenté de protéger ses enfants de leur père en secret, créant ainsi un profond malaise chez les enfants eux-mêmes. L'auteur écrit ensuite que le seul moyen d'échapper à cette tyrannie, qui s'exerçait bien au-delà du cadre familial, a été de prendre la fuite. Il évoque, à cet égard, la transformation qui s'est opérée chez deux de ses sœurs, Elli et Ottla, lorsqu'elles ont quitté le domicile familial pour se marier et avoir des enfants, très jeunes.

Kafka explique comment son père a influencé son rapport aux autres personnes et à quel point la culpabilité et le sentiment d'infériorité provoqués par le comportement de son père l'ont conduit à éprouver une véritable crainte de l'autre.

Le rapport au judaïsme a également été une source d'opposition entre Kafka et son père. Alors que ce dernier aurait souhaité imposé une vie « exemplaire » à ses enfants en matière de religion, il était lui-même « mauvais » croyant et pratiquant. Lorsque Kafka s'est détourné du judaïsme, son père l'a considéré comme un affront évident. Mais lorsque l'auteur a reconsidéré cette religion bien plus tard, c'est là encore comme un affront que son père l'a vécu.

Kafka explique ensuite comment ses études et l'écriture ont été pour lui le moyen de fuir son père. L'apogée de cette fuite aurait été pour lui de se marier et de réussir à fonder une famille. Mais l'écrivain expose à quel point il était inapte au mariage, notamment par son incapacité à atteindre ce qu'il considère être un idéal, mais aussi parce qu'il s'est senti brimé par le mépris et le refus qu'a violemment opposé son père à son dernier projet de mariage, et qui est d'ailleurs à l'origine de cette longue lettre.

Pour finir, l'auteur imagine une brève réponse qu'aurait pu lui écrire son père et dans laquelle il serait de nouveau question de blâmer son fils. Ce dernier termine son texte en espérant qu'il permettra d'apaiser les tensions qui existent entre son père et lui-même, afin que la vie et la mort leur soient plus agréables.

LES RAISONS
DU SUCCÈS

Le succès de la *Lettre au père* tient précisément à son statut ambigu. Tout comme la plupart des écrits de Kafka, *Lettre au père* paraît à titre posthume, malgré le désir de l'auteur de ne pas être publié. Et lorsqu'il rédige cette lettre en 1919, Kafka n'a aucunement l'intention de la faire parvenir à son père.
Une fois publiée, cette œuvre à part est devenue un véritable « classique » de la littérature du XXe siècle et ce pour, au moins, deux raisons : la force du texte lui-même, d'une part, l'impression que cette lettre éclaire l'œuvre entière de Kafka et qu'elle doit donc être considérée comme œuvre littéraire à part entière, d'autre part.

Mais bien que ce texte ait acquis le statut d'œuvre littéraire en ayant été rendu public, on ne peut négliger le caractère privé de cette lettre. Privé dans ce sens où elle transcrit un conflit personnel entre le père et le fils, mais également parce que l'auteur se met à nu dans cette lettre où il évoque des souvenirs douloureux qui n'appartiennent qu'à lui. Faut-il rappeler, en outre, que Kafka lui-même ne désirait pas publier ce texte, et encore moins le faire lire à son père ?

L'écrivain a rédigé cette lettre pour lui-même, avant toute chose, dans un moment d'introspection, qui ne peut que la reléguer dans la sphère privée. Pourtant, c'est bien de ce caractère privé que le texte tire sa puissance et son statut d'œuvre littéraire qui ont fait son succès.

LES THÈMES PRINCIPAUX

La psychanalyse s'est longtemps autorisée à voir dans *Lettre au père* la représentation d'un complexe d'Œdipe. La figure névrotique de Kafka transparaît tout au long du texte, à travers l'image, à la fois adorée et haïe, du père. Ce père à qui l'auteur fait porter toute la faute et qui est à l'origine du conflit qui existe entre eux.

Ainsi, tous les échecs de l'auteur, ses faiblesses, ses craintes, sa culpabilité semblent venir de la tyrannie paternelle dont a indubitablement souffert Kafka. La création, par le biais de cette lettre, apparaît alors comme un moyen de compenser une perte. Et si l'on s'en tient à une interprétation œdipienne, comme ça a souvent été le cas, cette lettre devient le reflet d'une peur et d'une révolte d'ordre privé et dont la rédaction serait l'expression d'une échappatoire.

Mais se contenter de cette seule vision de l'œuvre revient à nier la dimension littéraire du texte et à mettre de côté le combat intérieur qui anime Kafka : trouver une issue face à la crainte de la stérilité créatrice et à l'impossibilité d'écrire.

La description de la figure paternelle s'établit par un grossissement démesuré. Ainsi, Kafka écrit-il : « Il m'arrive d'imaginer la carte de la terre déployée et de te voir étendu transversalement sur toute sa surface. Et j'ai l'impression que seules peuvent me convenir pour vivre les contrées que tu ne recouvres pas ou celles qui ne sont pas à ta portée. » Mais c'est précisément dans cette omniprésence, voire omnipotence, du père que l'auteur peut trouver une issue.

Ce cercle étouffant, cette prison, que représente le père n'est, en réalité, rien d'autre que la transcription symbolique du monde auquel Kafka souhaiterait s'arracher. C'est en cela, précisément, que réside ce désir, et même ce besoin, de trouver une issue. Il s'agit, pour l'auteur, de sortir de cette prison que constitue le monde à travers la figure paternelle, de fuir.

Mais sortir du monde n'est pas possible et oblige à une « fuite sur place », conduisant à une transformation intérieure de l'auteur. On peut lire, dans *Lettre au père* : « Je t'ai fui depuis toujours pour chercher refuge dans ma chambre » ou encore « on se transformait en enfant maussade, inattentif, désobéissant, ne songeant jamais qu'à un moyen de fuite – de fuite intérieure le plus souvent ».

Contrairement à l'interprétation œdipienne que nous évoquions, Kafka ne tue pas le père dans cette lettre. Il le métamorphose, et insiste sur ce qu'il y a de monstrueux et de tyrannique en lui, pour qu'il ne constitue, finalement, plus une image paternelle. L'auteur poétise le père, en fait un objet littéraire à part entière, qui le rend moins père et qui permet, par conséquent, au fils d'être moins fils et d'arriver à cette transformation.

ÉTUDE DU MOUVEMENT LITTÉRAIRE

Au moment où il produit ses œuvres, Kafka se trouve dans un contexte culturel particulier et foisonnant. En effet, Prague se trouve au centre de la modernité européenne et brasse diverses cultures et influences qui font de cette ville un lieu d'échanges et de foisonnement littéraire et artistique.

Kafka fréquente les cercles philosophiques, mais aussi les cafés littéraires et les conférences où naissent et se développent de nombreux courants de pensée humanistes et artistiques.

Les cafés sont les lieux de prédilection des écrivains et journalistes de l'époque, au sein desquels Kafka rencontrera la plupart de ses amis. Si ces cafés reflètent une division assez nette entre les Tchèques, d'une part, et les Allemands, d'autre part, qui fréquentent tous des cafés et des cercles différents, ils révèlent avant tout l'échange permanent qui existe entre ces différentes cultures et communautés tchèque, allemande ou encore yiddish.

Kafka fondera d'ailleurs le « Cercle de Prague » dès 1904 avec son ami Max Brod, et d'autres écrivains et journalistes, tels qu'Oskar Baum et Felix Weltsch. Leur seul objectif est de se concentrer sur la ville de Prague, dans tout ce qu'elle propose de diversités et de foisonnement culturel.

Bien que manifestant des intérêts, ou des désintérêts, pour certains mouvements, Kafka ne se laisse cependant jamais séduire totalement par un mouvement particulier. Il entretiendra d'ailleurs, tout au long de sa carrière, un rapport relativement ambigu et complexe avec la modernité praguoise qui, en même temps que de produire un contexte de création artistique très favorable, se teinte d'un esprit « fin de siècle », révélant une certaine décadence et une forte nostalgie d'époques révolues, que l'on trouvera également présents en France, chez des auteurs comme Baudelaire ou Huysmans.

DANS LA MÊME COLLECTION
(par ordre alphabétique)

- **Anonyme**, *La Farce de Maître Pathelin*
- **Anouilh**, *Antigone*
- **Aragon**, *Aurélien*
- **Aragon**, *Le Paysan de Paris*
- **Austen**, *Raison et Sentiments*
- **Balzac**, *Illusions perdues*
- **Balzac**, *La Femme de trente ans*
- **Balzac**, *Le Colonel Chabert*
- **Balzac**, *Le Lys dans la vallée*
- **Balzac**, *Le Père Goriot*
- **Barbey d'Aurevilly**, *L'Ensorcelée*
- **Barbey d'Aurevilly**, *Les Diaboliques*
- **Bataille**, *Ma mère*
- **Baudelaire**, *Les Fleurs du Mal*
- **Baudelaire**, *Petits poèmes en prose*
- **Beaumarchais**, *Le Barbier de Séville*
- **Beaumarchais**, *Le Mariage de Figaro*
- **Beauvoir**, *Mémoires d'une jeune fille rangée*
- **Beckett**, *En attendant Godot*
- **Beckett**, *Fin de partie*
- **Brecht**, *La Noce*
- **Brecht**, *La Résistible ascension d'Arturo Ui*
- **Brecht**, *Mère Courage et ses enfants*
- **Breton**, *Nadja*
- **Brontë**, *Jane Eyre*
- **Camus**, *L'Étranger*
- **Carroll**, *Alice au pays des merveilles*
- **Céline**, *Mort à crédit*

- **Céline**, *Voyage au bout de la nuit*
- **Chateaubriand**, *Atala*
- **Chateaubriand**, *René*
- **Chrétien de Troyes**, *Perceval ou le conte du Graal*
- **Chrétien de Troyes**, *Yvain ou le Chevalier au lion*
- **Cocteau**, *La Machine infernale*
- **Cocteau**, *Les Enfants terribles*
- **Colette**, *Le Blé en herbe*
- **Corneille**, *Le Cid*
- **Crébillon fils**, *Les Égarements du cœur et de l'esprit*
- **Defoe**, *Robinson Crusoé*
- **Dickens**, *Oliver Twist*
- **Du Bellay**, *Les Regrets*
- **Dumas**, *Henri III et sa cour*
- **Duras**, *L'Amant*
- **Duras**, *La Pluie d'été*
- **Duras**, *Un barrage contre le Pacifique*
- **Flaubert**, *Bouvard et Pécuchet*
- **Flaubert**, *L'Éducation sentimentale*
- **Flaubert**, *Madame Bovary*
- **Flaubert**, *Salammbô*
- **Gary**, *La Vie devant soi*
- **Giraudoux**, *Électre*
- **Gogol**, *Le Mariage*
- **Homère**, *L'Odyssée*
- **Hugo**, *Hernani*
- **Hugo**, *Les Misérables*
- **Hugo**, *Notre-Dame de Paris*
- **Huxley**, *Le Meilleur des mondes*
- **Jaccottet**, *À la lumière d'hiver*
- **James**, *Une vie à Londres*
- **Jarry**, *Ubu roi*
- **Kafka**, *La Métamorphose*

- **Kerouac**, *Sur la route*
- **Kessel**, *Le Lion*
- **La Fayette**, *La Princesse de Clèves*
- **Le Clézio**, *Mondo et autres histoires*
- **Levi**, *Si c'est un homme*
- **London**, *Croc-Blanc*
- **London**, *L'Appel de la forêt*
- **Maupassant**, *Boule de suif*
- **Maupassant**, *Le Horla*
- **Maupassant**, *Une vie*
- **Molière**, *Amphitryon*
- **Molière**, *Dom Juan*
- **Molière**, *L'Avare*
- **Molière**, *Le Malade imaginaire*
- **Molière**, *Le Tartuffe*
- **Molière**, *Les Fourberies de Scapin*
- **Musset**, *Les Caprices de Marianne*
- **Musset**, *Lorenzaccio*
- **Musset**, *On ne badine pas avec l'amour*
- **Perec**, *La Disparition*
- **Perec**, *Les Choses*
- **Perrault**, *Contes*
- **Prévert**, *Paroles*
- **Prévost**, *Manon Lescaut*
- **Proust**, *À l'ombre des jeunes filles en fleurs*
- **Proust**, *Albertine disparue*
- **Proust**, *Du côté de chez Swann*
- **Proust**, *Le Côté de Guermantes*
- **Proust**, *Le Temps retrouvé*
- **Proust**, *Sodome et Gomorrhe*
- **Proust**, *Un amour de Swann*
- **Queneau**, *Exercices de style*
- **Quignard**, *Tous les matins du monde*

- **Rabelais**, *Gargantua*
- **Rabelais**, *Pantagruel*
- **Racine**, *Andromaque*
- **Racine**, *Bérénice*
- **Racine**, *Britannicus*
- **Racine**, *Phèdre*
- **Renard**, *Poil de carotte*
- **Rimbaud**, *Une saison en enfer*
- **Sagan**, *Bonjour tristesse*
- **Saint-Exupéry**, *Le Petit Prince*
- **Sarraute**, *Enfance*
- **Sarraute**, *Tropismes*
- **Sartre**, *Huis clos*
- **Sartre**, *La Nausée*
- **Senghor**, *La Belle histoire de Leuk-le-lièvre*
- **Shakespeare**, *Roméo et Juliette*
- **Steinbeck**, *Les Raisins de la colère*
- **Stendhal**, *La Chartreuse de Parme*
- **Stendhal**, *Le Rouge et le Noir*
- **Verlaine**, *Romances sans paroles*
- **Verne**, *Une ville flottante*
- **Verne**, *Voyage au centre de la Terre*
- **Vian**, *J'irai cracher sur vos tombes*
- **Vian**, *L'Arrache-cœur*
- **Vian**, *L'Écume des jours*
- **Voltaire**, *Candide*
- **Voltaire**, *Micromégas*
- **Voltaire**, *Zadig*
- **Zola**, *Au Bonheur des Dames*
- **Zola**, *L'Argent*
- **Zola**, *L'Assommoir*
- **Zola**, *Nana*
- **Zola**, *Pot-Bouille*